AF589014

ALPHABET TYPOGRAPHIQUE ET SYLLABAIRE GÉNÉRAL,

Pour initier les Enfants dans la lecture du François & du Latin.

Lorsque les Enfants sauront imperturbablement l'Alphabet distribué en trente-six Classes, dont chacune est composée de toutes les Lettres & de tous les Signes d'une même dénomination, qu'on a mise en Lettres Italiques à la derniere colonne des deux pages suivantes ; la Syllabisation ne sera qu'un jeu.

Alphabet Typographique.

A a à â ea as at. *tous ces signes s'appellent* ... *a*

am an aon em en ent ean ã ẽ.. *an*

ayent eye .... *aie*

B b bb .... *be*

Ch ch sch .... *che*

Çt ct .... *Kte*

D d dd .... *de*

É é Æ æ Œ œ és ez E. e. .... *é*

È è ai ei et oi & es ë .... *è*

E e eu œu es ent H h.......... *eu*

Ê ê aî ajent oi oient est .... *ais*

aim ain em en ein ẽ ĩ .... *ain*

F f ff ph .... *fe*

G g gu .... *gue*

H h .... aspirés....... *he*

I i ì î is it Y y .... *i*

ille il l lh .... *llieu*

im in ĩ .... *in*

J j G g.......................... *je*

L l .... *le*

M m mm m̃ .... *me*

N n nn ñ . . . . *ne*

O o ò ô au eau os ot. . . . . *o*

om on un õ ũ . . . . *on*

ou ol . . . . *ou*

oy oi oë . . . . *oè*

P p pp . . . . *pe*

Q q qu K ĸ C c ch. . . . . *Ke*

R r rh rr . . . . *re*

S s ſ ſſ C c ç T t Z z . . . . *ſe*

T t tt th . . . . *te*

U u ù û us ut . . . . *u*

um un ũ . . . . *un*

V v W w . . . . *ve*

X x & ct . . . . *Kſe*

Z z S s ſ . . . . *ze*

L'Exercice du Syllabaire qui ſuit conſiſte :

Premierement à faire dire ſéparément les lettres & les ſignes des lignes en gros caracteres pour aſſembler ce qui forme les ſyllabes des lignes de deſſous en petits caracteres.

Secondement. Lorſque les Enfants ſeront fermes ſur cet aſſemblage, on leur fera dire ſeulement les ſyllabes qu'on ne leur fera épeller que dans le beſoin, par le moyen des ſignes qu'ils auront ſous les yeux en gros caracteres ſur chaque ſyllabe.

Troiſiemement. Il y aura une opération de plus pour l'Oraiſon Dominicale à la page 17, où l'on a employé un troiſieme caractere pour faire lire par mots.

Dans la Salutation Angélique, page 19, on ne montrera plus que par ſyllabes & enſuite par mots. Enfin dès la même page on lira le Symbole & le reſte pour prendre après cela tel autre Livre qu'on voudra.

SYLLABAIRE GÉNÉRAL

OU

Aſſemblage des principaux Signes qui ſervent à former toutes les Syllables & tous les Mots.

Il faut faire épeller ſelon les différentes Dénominations.

B B a b e b i b o b u
Ba be bi bo bu
b æ b ai b ain b am
bæ bai bain bam
b an b au b é b è b ê
ban bau bé bè bê
b eau b em b en b ent
beau bem ben bent
b es b eu b in b œ b œu
bes beu bin bœ bœu
b oi b oient b oin b ou
boi boient boin bou
b um b un b y b on.
bum bun by bon.

bb bb a bb e bb i bb o
bba bbe bbi bbo
bb u &c.
bbu &c.

C C e c i c é c è c ê
ce ci cé cè cê

c eau c em c en c es c eu
ceau cem cen ces ceu
c im c in c æ c oient ç a
cim cin cæ coient ça
ç oi ç on ç u c a c o
çoi çon çu ca co
c u c am c au c on c oi
cu cam cau con coi
c œu c oin c om c ou
cœu coin com cou
c um c un.
cum cun.

cc cc a cc e cc i cc o
cca cce cci cco
cc u &c.
ccu &c.

ch ch a ch e ch i ch o
cha che chi cho
ch u ch am ch an ch es
chu cham chan ches
ch ai ch é ch eu ch æ
chai ché cheu chæ
ch ain ch è ch ê ch ent
chain chè chê chent
ch oi ch et ch oient ch om
choi chet choient chom
ch on ch œu ch au.
chon chœu chau.

ct ct a ct e ct i ct o ct u
cta cte cti cto ctu

ct um ct æ ct un.
ctum ctæ ctun.

D d a d e d i d o d u
da de di do du

d ai d ain d am d an
dai dain dam dan

d au d a d eau d é d è
dau da deau dé dè

d ê d em d en d ent
dê dem den dent

d es d et d eu d in d oi
des det deu din doi

d om d on d ou d um
dom don dou dum

d un
dun.

dd dd a dd e dd i dd o
dda dde ddi ddo

dd u &c.
ddu &c.

F f a f e f i f o f u f æ
fa fe fi fo fu fæ

f ai f ain f an f aon f é
fai fain fan faon fé

f è f ê f em f in f œ
fè fê fem fin fœ

f oi f oient f oin f om
foi foient foin fom

f on f ou f un.
fon fou fun.

ff ff a ff e ff i ff o ff u.
ffa ffe ffi ffo ffu.

G g e g i g é g ea g em
gé gi gé gea gem

g ent g es g et g in
gent ges get gin

g oient g a g o g u g ai
goient ga go gu gai

g ain g am g an g au
gain gam gan gau

g on g ou g um g un
gon gou gum gun

g in.
gin.

gg gg a gg e &c.
gga gge &c.

gn gn a gn e gn i gn o
gna gne gni gno

gn u gn é gn oi gn oient
gnu gné gnoi gnoient

gn on gn es gn ent gn an
gnon gnes gnent gnan

gn eau.
gneau.

gu gu a gu e gu i gu o gu é
gua gue gui guo gué

gu ê gu ai gu in.
guê guai guin.

H h a h e h i h o h u
ha he hi ho hu

h au h eu h om h on
hau heu hom hon
h ou h ui h um h y.
hou hui hum hy.

J j a j e j i j o j u j am
ja je ji jo ju jam
j ean j au j eu j om j on
jean jau jeu jom jon
j ou j oi j eun j é.
jou joi jeun jé.

K k a k e k i k o k u
ka ke ki ko ku
k am k an.
kam kan.

L l a l e l i l o l u l æ
la le li lo lu læ
l ai l ain l am l an l aon
lai lain lam lan laon
l au l ent l é l è l ê
lau lent lé lè lê
l eu l et l in l es l oi
leu let lin les loi
l oient l oin l om l on
loient loin lom lon
l ou l oy l um l un.
lou loy lum lun.

ll ll a ll e ll i ll o ll u ll é
lla lle lli llo llu llé
ll è ll ent ll es ll on ll oi
llè llent lles llon lloi

	ll oient	ll ou	&c.		
	lloient	llou	&c.		
M	m a	m e	m i	m o	m u
	ma	me	mi	mo	mu
	m æ	m ai	m ain	m am	
	mæ	mai	main	mam	
	m au	m an	m es	m é	
	mau	man	mes	mé	
	m è	m ê	m ent	m em	
	mè	mê	ment	mem	
	m et	m en	m eu	m oi	
	met	men	meu	moi	
	m oin	m oient	m on	m ou	
	moin	moient	mon	mou	
	m um	m un	m y.		
	mum	mun	my.		
mm	mm a	mm e	mm i	mm o	
	mma	mme	mmi	mmo	
	mm u	&c.			
	mmu	&c.			
N	n a	n e	n i	n o	n u
	na	ne	ni	no	nu
	n æ	n ai	n ain	n am	
	næ	nai	nain	nam	
	n au	n eau	n es	n é	n è
	nau	neau	nes	né	nè
	n ent	n em	n et	n en	
	nent	nem	net	nen	
	n eu	n oi	n oin	n om	
	neu	noi	noin	nom	

	n oient noient	n on non	n ou nou	n um num	
	n un. nun.				
nn	nn a nna	nn e nne	nn i nni	nn o nno	
	nn u nnu	&c. &c.			
p	p a pa	p e pe	p i pi	p o po	p u pu
	p æ pæ	p ai pai	p aient paient	p ain pain	
	p am pam	p aon paon	p an pan	p au pau	
	p é pé	p è pè	p ê pê	p ein pein	p em pem
	p en pen	p eut peut	p es pes	p eu peu	
	p in pin	p oi poi	p oient poient	p oin poin	
	p om pom	p on pon	p ou pou	p un pun	
	p y. py.				
ph	ph a pha	ph e phe	ph i phi	ph o pho	
	ph u phu	ph é phé	ph è phè	ph ai phai	
	ph an phan	ph oient phoient	ph in phin		

ph um ph ent &c.
phum phent &c.

pp pp a pp e pp i pp o
ppa ppe ppi ppo
pp u &c.
ppu &c.

Q qu a qu e qu i qu o
qua que qui quo
qu u qu æ qu ai qu é
quu quæ quai qué
qu è qu ê qu an qu eu
què quê quan queu
qu in qu oient qu on
quin quoient quon
qu um.
quum.

R r a r e r i r o r u r æ
ra re ri ro ru ræ
r ai r ain r am r an r au
rai rain ram ran rau
r é r è r ein r em r en
ré rè rein rem ren
r ent r es r eu r in r oi
rent res reu rin roi
r oient r oin r on r ou
roient roin ron rou
r un r y r et.
run ry ret.

rh rh a rh e rh i rh o
rha rhe rhi rho

rh u rh ein &c.
rhu rhein &c.

rr rr a rr e rr i rr o rr u
rra rre rri rro rru

rr an rr on &c.
rran rron &c.

S ſ a ſ e ſ i ſ o ſ u ſ æ
ſa ſe ſi ſo ſu ſæ

ſ ain ſ ai ſ am ſ an ſ é
ſain ſai ſam ſan ſé

ſ è ſ au ſ es ſ em ſ ei
ſè ſau ſes ſem ſei

ſ ein ſ en ſ eu ſ ent
ſein ſen ſeu ſent

ſ œu ſ et ſ om ſ oi ſ on
ſœu ſet ſom ſoi ſon

ſ oient ſ oin ſ um ſ un
ſoient ſoin ſum ſun

ſ im ſ in ſ y ſ yn.
ſim ſin ſy ſyn.

ſſ ſſ a ſſ e ſſ i ſſ o ſſ u
ſſa ſſe ſſi ſſo ſſu

ſſ am ſſ om &c.
ſſam ſſom &c.

ſt ſt a ſt e ſt i ſt o ſt u
ſta ſte ſti ſto ſtu

ſt an ſt ain &c.
ſtan ſtain &c.

T t a t e t i t o t u t æ
ta te ti to tu tæ

t ain t ai t am t é t an
tain tai tam té tan
t è t au t ê t es t em
tè tau tê tes tem
t en t eu t ent t et t om
ten teu tent tet tom
t oi t on t in t oient
toi ton tin toient
t ou t um t y.
tou tum ty.

th th a th e th i th o th u
tha the thi tho thu
th on th eu &c.
thon theu &c.

tt tt a tt e tt i tt o tt u
tta tte tti tto ttu
tt en tt es &c.
tten ttes &c.

V v a v e v i v o v u v æ
va ve vi vo vu væ
v ai v ain v am v an
vai vain vam van
v au v ent v é v è v eau
vau vent vé vè veau
v ê v em v en v es v eu
vê vem ven ves veu
v et v im v in v œu v oi
vet vim vin vœu voi
v oient v on v ou v um.
voient von vou vum.

X	x a	x e	x i	x o	x u	&c.
	xa	xe	xi	xo	xu	&c.
Z	z a	z e	z i	z o	z u	
	za	ze	zi	zo	zu	
	z ai	z ain	z an	z in	z on.	
	zai	zain	zan	zin	zon.	
bl	bl a	bl e	bl i	bl o	bl u	
	bla	ble	bli	blo	blu	
	bl é	bl è	bl an	bl eu		
	blé	blè	blan	bleu		
	bl in	bl on	bl ou.			
	blin	blon	blou.			
br	br a	br e	br i	br o		
	bra	bre	bri	bro		
	br é	br ai	br an	br eu		
	bré	brai	bran	breu		
	br in	br on	br ou.	br u.		
	brin	bron	brou	bru.		
cl	cl a	cl e	cl i	cl o	cl u	
	cla	cle	cli	clo	clu	
	cl é	cl an	cl in	cl è		
	clé	clan	clin	clè		
	cl on	cl ai	cl ou.			
	clon	clai	clou.			
cr	cr a	cr e	cr i	cr o	cr u	
	cra	cre	cri	cro	cru	
	cr é	cr è	cr an	cr eu		
	cré	crè	cran	creu		
	cr in	cr oi	cr oient	cr on		
	crin	croi	croient	cron		

cr ou   cr ain.
crou   crain.

fl   fl a   fl e   fl i   fl o   fl u
fla   fle   fli   flo   flu
fl é   fl è   fl oient   fl an
flé   flè   floient   flan
fl eu   fl on   fl ou   fl ai
fleu   flon   flou   flai
fl am   fl oi   fl ent.
flam   floi   flent

fr   fr a   fr e   fr i   fr o   fr u
fra   fre   fri   fro   fru
fr é   fr ai   fr è   fr an
fré   frai   frè   fran
fr eu   fr in   fr oi   fr oient
freu   frin   froi   froient
fr on   fr ou   fr u i.
fron   frou   frui.

pl   pl a   pl e   pl i   pl o   pl u
pla   ple   pli   plo   plu
pl é   pl è   pl an   pl ain
plé   plè   plan   plain
pl ein   pl on   pl eu   pl oi
plein   plon   pleu   ploi
pl ou   pl oient   pl ent
plou   ploient   plent
pl es   pl om.
ples   plom.

pr   pr a   pr e   pr i   pr o
pra   pre   pri   pro

pr u   pr é   pr è   pr ê
pru   pré   prè   prê
pr an   pr en   pr in   pr on
pran   prèn   prin   pron
pr eu   pr oient   pr es
preu   proient   pres
pr et.
pret.

tr   tr a   tr e   tr i   tr o   tr u
tra   tre   tri   tro   tru
tr é   tr è   tr ai   tr an
tré   trè   trai   tran
tr ein   tr in   tr em   tr en
trein   trin   trem   tren
tr on   tr ou   tr eu   tr es
tron   trou   treu   tres
tr et   tr ent   tr oi.
tret   trent   troi.

vr   vr a   vr e   vr i   vr o
vra   vre   vri   vro
vr u   vr é   vr è   vr an
vru   vré   vrè   vran
vr ai   vr on   vr eu
vrai   vron   vreu
vr oient.
vroient

Au n om d u P e r e &
au nom du pe re &
Au nom du pere &
d u F i l s & d u ſ ain t
du fi l s & du ſain t
du fils & du ſaint
E ſ pr i t. Ain ſ i ſ oi t - i l.
e ſ pri t. ain ſi ſoi t - i l.
Eſprit. Ainſi ſoit - il.

N o t r e P e r e qu i ê t es
no tre pe re qui ê tes
notre pere qui êtes
au x c i eu x. Qu e v o t r e
au x ci eu x. Que vo tre
aux cieux. Que votre
n om ſ oi t ſ an ct i f i é.
nom ſoi t ſan cti fi é.
nom ſoit ſanctifié.
Qu e vo t r e r e gn e a rr i v e.
Que vo tre re gne a rri ve.
Que votre regne arrive.
Qu e v o t r e v o l on t é
Que vo tre vo lon té
Que votre volonté
ſ oi t f ai t e en l a t e rr e
ſoi t fai te en la te rre
ſoit faite en la terre

c om m e au ci e l. D on nez-
com me au ci el. don nez-
comme au ciel. donnez-
n ou s au j ou r d'h u i n o t r e
nou s au jour d'hui no tre
nous au jourd'hui notre
p ain qu o t i d i en, & n ou s
pain quo ti di en & nou s
pain quotidien & nous
p a r d on n ez n o s o ff en ſ es
par don nez no s o ffen ſes
pardonnez nos offenſes
c om m e n ou s p a r d on n on s
com me nou s pa r don non s
comme nous pardonnons
à c eu x qu i n ou s on t
à ceu x qui nou s on t
à ceux qui nous ont
o ff en ſ és & n e n ou s
o ffen ſés & ne nou s
offenſés & ne nous
in d u i ſ ez p oin t en t en-
in dui ſez poin t en ten-
induiſez point en ten-
t a t i on; m ai s d é l i vr ez-
ta ti on mai s dé li vrez-
tation mais délivrez-
n ou s d u m a l.
nou s du ma l.
nous du mal.

Ain ſi ſoi t-il.
ain ſi ſoi t - il.
ainſi ſoit - il.

Je vou s ſa lu e Ma ri e
Je vous ſalue Marie
plei ne de gra ce , le Sei-
pleine de grace le Sei-
gneu r eſt a vec vou s : vou s
gneur eſt avec vous : vous
ê tes bé ni e en tre tou tes
êtes bénie entre toutes
les fem mes , & Je ſu s le
les femmes , & Jeſus le
fru i t de vo tre ven tre eſt
fruit de votre ventre eſt
bé ni. Sain te Ma ri e me re
béni. Sainte Marie mere
de Di eu , pri ez pou r nou s
de Dieu , priez pour nous
pau vres pé cheu r s , main te-
pauvres pécheurs , mainte-
nan t & à l'heu re de no tre
nant & à l'heure de notre
mo rt. Ain ſi ſoi t - i l.
mort. Ainſi ſoit - il.

Je crois en Dieu le Pere tout-puiſſant , Créateur du ciel & de la terre , & en Jeſus-Chriſt ſon

Fils unique, notre Seigneur, qui a été conçu du Saint-Esprit, est né de la Vierge Marie, a souffert sous Ponce Pilate, a été crucifié, est mort & a été enseveli : qui est descendu aux Enfers, & le troisieme jour est ressuscité des morts, est monté aux cieux, est assis à la droite de Dieu le Pere tout-puissant, d'où il viendra juger les vivans & les morts.

Je crois au Saint-Esprit, la Sainte Eglise Catholique, la communion des Saints, la rémission des péchés, la résurrection de la chair, la vie éternelle. Ainsi soit-il.

Je confesse à Dieu tout-puissant, à la bienheureuse Marie toujours Vierge, à Saint Michel Archange, à saint Jean-Baptiste, aux Apôtres saint Pierre & saint Paul, à tous les Saints, que j'ai beaucoup péché par pensées, par paroles & par actions : c'eſt ma faute, c'eſt ma faute, c'eſt ma très-grande faute. C'eſt pourquoi je ſupplie la bienheureuſe Marie toujours Vierge, ſaint Michel Archange, ſaint Jean-Baptiſte, les Apôtres ſaint Pierre & ſaint Paul, tous les Saints, de prier pour moi le Seigneur notre Dieu.

Mon Dieu, donnez-nous notre pain, & béniſſez l'uſage que nous en ferons : nous vous le demandons par Jeſus-Chriſt Notre Seigneur.

Nous vous rendons graces pour tous vos bienfaits, ô mon Dieu, qui vivez & regnez dans tous les ſiecles.

Fin de l'Alphabet Typographique.

EXPOSITION ABRÉGÉE

De la Méthode ou maniére d'enseigner à lire par le moyen des Cartes imprimées.

C'Est une fatalité pour les bonnes choses d'être toujours traversées dès leur commencement. La méthode, dont il s'agit, fondée sur la nature & sur la raison, parut en 1725. & essuya toutes sortes de contradictions de la part de quelques personnes qui, par état, sont cependant intéressées aux progrès des lettres humaines. Un petit nombre de bons esprits la protegea, & l'on s'en servit avec succès pour Monseigneur LE DAUPHIN & pour MESDAMES DE FRANCE. Plusieurs Particuliers en firent aussi usage : mais les plus grands obstacles à son établissement sont venus de ceux qui ont voulu l'employer sans en avoir acquis une connoissance suffisante ; & de ceux qui l'ont voulu déguiser sous des titres extraordinaires, dans l'espérance de s'attirer les yeux du Public, en se donnant pour Inventeurs. Les uns & les autres, ayant mal réussi, lui ont fait plus de mal que le préjugé aveugle des personnes qui décident communément sans examen.

Quoi qu'il en soit, cette heureuse invention, dont les esprits solides ont vu & senti les avantages, s'est toujours soutenue : &, ce qu'il y a de singulier, elle doit ses conquêtes à des Peres & Meres de famille, qui, faute de maîtres en ce genre, s'étant mis eux-mêmes au fait, jouissent aujourd'hui de la satisfaction d'être les auteurs & les témoins, non suspects, des progrès surprenants de leurs propres Enfants.

Nous ne ferons point ici un ouvrage de controverse : ce feroit perdre le temps & fatiguer, sans fruit, ceux qui veulent aller au fait. M. Dumas a suffisamment démontré l'excellence de cette méthode : & comme son livre, devenu fort rare *, contient une infinité de discussions nécessaires dans son temps, mais aujourd'hui fort inutiles ; nous essayons de donner ici une Exposition simple & abrégée de la partie qui concerne l'art d'enseigner à lire par le moyen des Cartes imprimées. Cette Exposition ne s'adresse point aux Enfants. Les Cartes sont pour eux : on ne leur donnera des livres que quand ils sauront lire. Cette espéce de paradoxe s'évanouira à la lecture de cet abregé. Nous ne parlons ici qu'aux personnes qui veulent prendre connoissance de la méthode, & en faire usage.

Il faut premierement savoir l'Alphabet Typographique, pour pouvoir l'enseigner. Il ne s'agit pour le connoître, dans le moment, que de jetter les yeux sur la Table que nous en donnons, où tous les signes de l'Alphabet sont dans la premiere colonne, & leurs dénominations différentes avec la preuve dans la derniere. Desorte qu'on voit d'un coup d'œil l'exposition de la chose, la doctrine & les preuves.

Il faut en second lieu se persuader de l'existence réelle des deux especes d'orthographe, dont l'une sert de passage pour arriver à l'autre. Nous en parlerons suffisamment en peu de mots pour en être convaincu.

Nous passerons ensuite à la maniere de procéder avec les Cartes pour enseigner les Enfants, & de là à l'usage du petit Bureau d'Imprimerie qui leur tiendra lieu d'écriture, tant qu'ils ne sauront point écrire,

* L'Auteur en a légué les exemplaires aux Hôpitaux de Paris & de Toulouse ; & ce legs est encore sous la clef.

& jusqu'à ce qu'ils le sachent par le moyen que nous avons employé avec succès.

****

OBSERVATION

préliminaire sur la Voyelle auxiliaire E.

La Voyelle E sans accens dans notre Langue a communément la dénomination de la Diphthongue *eu*, sur-tout dans notre poësie exemple :

*J*E *chant*E *les combats &c.*

Dans le Latin au contraire, qu'elle ait un accent, ou qu'elle n'en ait point, elle a toujours la même dénomination, comme dans *B*E*n*E*dicit*E. Les Latins pour prononcer leurs consonnes, employoient cette dénomination, parce qu'elle est intimément attachée à leur Langue. On l'a conservée pour prononcer les consonnes B C D G P T.

Pourquoi l'a-t on abandonnée pour prononcer les autres ? La réponse demanderoit une dissertation curieuse, mais qui nous arrêteroit trop long-temps.

Dans la nécessité d'avoir recours à une Voyelle pour prononcer les Consonnes, & la Voyelle E étant plus souvent muette qu'aucune autre dans notre Langue ; il est naturel de nous en servir préférablement pour aider & faciliter la lecture du François, où elle revient continuellement, & même plus souvent que dans le Latin, mais sous sa dénomination muette sans accent. Entre ses différentes dénominations, la muette étant la plus avantageuse pour apprendre à lire notre Langue ; il s'agit de donner une idée de cette dénomination sourde : & pour cela, du mot *Jolie*, supprimez les deux syllabes *joli* ; & soutenez votre voix sur *e* ; vous aurez le son *eu*, de reſte, qui, quoique prononcé foiblement, ne ſe fait pas moins ſentir malgré vous, ſur tout devant une conſonne, en prononçant avec l'exactitude que la Langue exige.

Puiſqu'il eſt donc impoſſible de prononcer une conſonne ſans le ſecours d'une voyelle, & que la muette *e* eſt conſtamment la plus naturelle à notre Langue, il faut néceſſairement prononcer nos conſonnes ſimples & doubles, comme ſi elles étoient ſuivies de la diphthongue *eu*, & nous dirons B*eu*, D*eu*, F*eu*, L*eu*, M*eu*, N*eu*, R*eu*, &c : ainſi l'on ſe ſouviendra d'appeller *eu* la voyelle *e* ſans accent, & de la ſuppoſer telle après toutes les conſonnes, ſoit ſimples ſoit doubles, lorſqu'il s'agira ſeulement d'épeller.

Quand il faudra faire lire le Latin, ce ſera l'affaire d'une ſeule leçon, laquelle conſiſtera à dire à l'Enfant, qu'ici l'on prononce toutes les lettres, & que tous les *e* s'appellent *é* & non pas *eu*. Sachant bien ſon Alphabet & les dénominations, il n'y aura pas pour lui la moindre difficulté, & il opérera tout ce que vous voudrez, ſans faire aucune autre dépenſe de raiſonnement.

La brieveté que nous nous propoſons ne nous permet pas d'examiner une autre queſtion, qui eſt de ſavoir par laquelle des deux Langues il faut commencer à faire apprendre à lire. Les Hébreux, les Grecs & les Latins apprenoient d'abord à lire leur propre langue ; enſuite on leur apprenoit à lire les autres qu'on leur enſeignoit à traduire.

La lenteur & l'incertitude des progrès pourroient bien venir de ce qu'on commence à faire lire dans une langue inconnue. Il ne viendra jamais dans l'eſprit de perſonne de commencer à apprendre à un petit François à lire l'Allemand, ou à un petit Allemand à lire le François pour venir enſuite à leur langue maternelle, à moins d'avoir perdu le jugement. Le Latin est aussi étranger à un petit François & à un petit Allemand, que la Langue de l'un est étrangere à l'autre.

TABLE

DE L'ALPHABET TYPOGRAPHIQUE,

Contenant les Signes, & les preuves de leur dénomination : en ne prononçant à haute voix que le son que rendent les Capitales des mots de la derniere Colonne.

Lettres ou Signes de l'Alphabet.			*Preuves de leur Dénomination.*
A	a	*lisez en françois*	Agir.
	à	*en fr.*	À lui.
	â	*en fr.*	lÂche.
Æ	æ	*en latin*	JanuÆ
	aï	*en fr.*	balAÏ.
	aî	*en fr.*	mAÎtre.
	aient	*en fr.*	ils pAIENT.
	aim	*en fr.*	fAIM.
	ain	*en fr.*	pAIN
	am	*en fr.*	adAM.
		en latin	januAM.
	an	*en fr.*	écrAN.
		en latin	forsAN
	ao	*en fr.*	la fAOne.

aon.... *en fr.* .... pAON.
au..... *en fr.* .... AUvent.
ay..... *en fr.* .... pAYs.
ayent... *en fr.* ..... elles balAYENT.
B b...... *en fr.* ....roBe.
C c...... *en fr.* .... raCe.
.... *en fr.* .... roC.
ç...... *en fr.* .... faÇade.
ch..... *en fr.* .... riCHe.
..... *en latin* .... CHorus.
ct...... *en fr.* .... aCTeur.
.... *en fr.* .... aCTion.
D d...... *en fr* .... moDe.
E e..... *en latin* .... hodiE.
.... *en fr.* .... joliE.
é...... *en fr.* .... liÉ.
è...... *en fr.* .... procÈs.
ê...... *en fr.* .... Être.
ë...... *en fr.* .... coËffer.
ean..... *en fr.* .... jEAN.
eau..... *en fr.* .... chapEAU.
ei...... *en fr.* .... sEIgneur.
ein..... *en fr.* .... frEIN.
em..... *en fr.* .... EMpereur.
...... *en latin* .... EMptio.
...... *en latin* .... fortEM.
en..... *en fr.* .... ENcourager.
.... *en fr.* .... liEN.
..... *en latin* .... lumEN.

ent . . . . . *en fr.* . . . . souvENT.
. . . . . . *en latin* . . . . monENT.
. . . . *en fr.* . . . . ils riENT.
eon . . . . *en fr.* . . . . pigEON.
es . . . . . . *en fr.* . . . . . . l'article lES.
. . . . *en latin* . . . . pedES.
. . . . *en fr.* . . . . bougiES.
eſt . . . . . *en fr.* . . . . dieu EST bon.
. . . . *en latin* . . . . deus EST bonus.
et . . . . . . *en fr.* . . . . bonnET.
. . . . *en latin* . . . . docET.
eu . . . . . *en fr.* . . . . heurEUx.
eun . . . . *en fr.* . . . . à jEUN.
eye . . . . . *en fr.* il faut que je m'aſsEYE.
F f . . . . *en fr.* . . . . Feu.
G g . . . . *en fr.* . . . . GinGembre.
. . . . *en fr.* . . . . GoGuenard.
gn . . . . . *en fr.* . . . . reGNe.
. . . . *en latin* . . . . aGNus.
H h . . . . *en fr.* . . . . Homme.
. . . . *en fr.* . . . . Hochet.
I i . . . . I.
ì . . . . . *en latin* . . . . satÌs.
î . . . . *en fr.* . . . . gÎte.
ï . . . . *en fr.* . . . . haÏr
il . . . . . . *en fr.* . . . . perIL.
ille . . . . . *en fr.* . . . . paILLE.

	im..... *en fr.*	.... IMprimerie.	}
	im.... *en latin*	.... furtIM.	
	in..... *en fr.*	...............l'INde.	}
	.... *en latin*	.... hæresIN.	
J	j....... *en fr.*	.... Je.	
K	k..... *en grec*	.... Kyrie.	
L	l ... *nom propre*	...........danieL.	
	lh ...... *in fr,*	............gentiLHommes.	
M	m....... *en fr.*	.... beauMe.	
N	n....... *en fr.*	.... luNe.	
O	o..........	................O.	
	ò..... *en latin*	.... verÒ.	
	ô....... *en fr.*	.... dÔme.	
Œ	œ....... *en fr.*	................Œſophage.	}
	.... *en fr.*	.... Œil.	
	oë...... *en fr.*	.... cOËffe.	
	œu...... *en fr.*	.... ŒUf.	
	oi...... *en fr.*	..............il riOIt.	}
	.... *en fr*	...............rOI.	
	oient.... *en fr.*	.... ils lisOIENT.	
	om..... *en fr.*	.... OMbrage.	
	on...... *en fr.*	.... ſermON.	}
	.... *en latin*	.... ſimON.	
	ou..... *en fr.*	............., clOU.	
	oy..... *en fr.*	..............fOYer.	
P	p....... *en fr.*	..............caPe.	
	ph..... *en fr.*	.............joſePH.	
Q	q...... *en fr.*	.............coQ.	

	qu.....	*en fr.*	..........petruQUe.
R	r.......	*en fr.*	.... peRe.
S ſ	s.......	*en fr.*	............Secours. }
	....	*en fr.*	............choSe. }
	ſt......	*en fr.*	............geSTe.
T	t.......	*en fr.*	............pâTe. }
	....	*en fr.*	............poTion. }
U	u		................U.
	û......	*en fr.*	.... brÛlé.
	ü......	*en fr.*	.... réÜſſir.
	uan....	*en fr.*	.... piqUANt. }
	.....	*en latin*	............qUANdo. }
	ui......	*en fr.*	..............gUIgnon. }
	....	*en latin*	..........fructUI. }
	um.....	*en fr.*	.............hUMble. }
	......	*en latin*	.........dominUM. }
	un.....	*en fr.*	..............lUNdi. }
	......	*en latin*	.... mUNdus. }
V	v.....	*en latin*	.... caVe.
X	x...	*nom propre*	............ajaX.
	....	*en fr.*	.... eXode.
Y	y......	*en fr.*	.... Yeux.
	ym.....	*en fr.*	.... cYMbale.
	yn....	*en latin*	.... cYNthius.
Z	z......	*en fr.*	.... biZarre. }
	....	*la ville de*	..........metZ. }
	&......	*en fr.*	.... Pierre ET Paul. }
	......	*en latin*	.... Petrus ET Paulus. }

NOTA.

1°. Il y a quelques combinaiſons dont les exemples ſont ſi rares, qu'il eſt aiſé de les apprendre dans la ſuite ſans en charger cette table.

2°. Lorſque les ſignes de cet Alphabet, ſoit conſonnes, ſoit voyelles, ou voyelles & conſonnes enſemble, ne donnent pas la prononciation des mots ſelon la langue, on enſeigne à les décompoſer par le moyen des cartes imprimées qu'on ſépare & qu'on réunit à volonté; comme *péril*; *profil*, &c.

3°. On trouvera dans le petit Bureau d'Imprimerie les lettres doubles, qui étant décompoſées, ont leur dénomination, ſelon les occaſions où elles ſe trouvent.

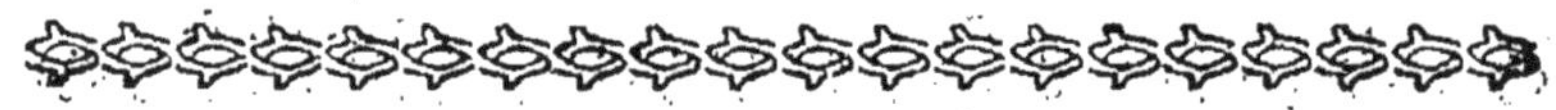

OBSERVATION
Sur l'Orthographe de l'Oreille.

IL y a deux ſortes d'Orthographe, ſavoir l'Orthographe de l'oreille, & l'Orthographe des yeux; la premiere n'eſt point d'uſage: mais elle eſt d'un grand ſecours pour arriver à la ſeconde, qu'on ne peut apprendre que par la pratique. Pour montrer la réalité de la premiére; qui n'a que les ſons pour objets, un enfant à qui l'on demanderoit de nommer ce qu'il faut pour compoſer le mot *Phaiſandeau* que nous ſuppoſons qu'on écrive par *ph* pour faire notre démonſtration, répondroit exactement à votre demande, s'il vous préſentoit les lettres *f*, *é*, *z*, *en*, *d*, *o*.

En voici la preuve:

La lettre *F* a la même dénomination que les deux lettres *Ph* enſemble: la voyelle *é* avec l'accent aigu rend le même ſon que la diphtongue *ai*: le *z* a la même valeur à l'oreille que la lettre *ſ* entre deux voyelles: la nazale compoſée des lettres *en* a auſſi la dénomination de la nazale *an*: le *d* eſt connu: enfin les trois lettres *e a u* réunies ſonnent de même que la voyelle *o*. L'enfant a donc rendu fidélement les ſons qui ont frappé ſon oreille : & comme cette orthographe eſt exactement celle de la nature, qu'elle ſe trouve toute prête dans l'enfant, on s'en ſervira indiſtinctement dans les commencements, pour paſſer inſenſiblement, & ſans triſteſſe à celle de l'art, c'eſt-à-dire à celle des yeux.

Qu'on lui préſente enſuite avec les Cartes, *Ph ai ſ an d eau* il n'y aura pas pour lui plus de difficulté de ce côté que de l'autre, & il vous ſatisfera également, s'il ſait imperturbablement ſon Alphabet Typographique. Le petit Bureau d'Imprimerie eſt un moyen infaillible pour arriver à cette ſeconde Orthographe d'uſage; parce qu'on la ſubſtitue commodément à l'Orthographe paſſagere de l'oreille, en mettant une Carte ſur une autre. On fera cette correction, ſans malpropreté, ſans nuage; au lieu que par l'écriture ordinaire, l'enfant fait des pâtés, & barbouille la correction dans un cloaque d'encre.

Encore un exemple. Demandez à l'enfant d'imprimer le mot *Pain* : s'il tire de ſon Bureau la lettre *p*, & le ſon *en*, qui fait *Pen* à l'oreille, parce que la nazale *en* ſe nomme encore comme la ſyllabe *ain* ; on lui dit que pour les yeux il faut mettre *ain* au lieu de *en* : & l'expérience a aſſuré qu'on revient rarement deux fois à faire corriger une faute qu'on lui a fait corriger une fois de cette façon dans le même mot. La mémoire devient locale par le moyen des Cartes imprimées; ce qui eſt plus ſûr que tous les raiſonnements qu'un enfant n'écoute pas, parce qu'ils ſont ordinairement au-delà de ſa portée. Il faut donc l'éxercer longtemps par l'Orthographe de l'oreille, ſans s'embarraſſer d'abord de celles des yeux, à laquelle on ne procédera que quand il ſaura lire.

Ceux qui ne ſe prêtent pas à cette nouveauté, ne

ſentent pas que cette premiere Orthographe paſſagere n'eſt autre choſe qu'un dégré naturel pour arriver à la ſeconde, qui eſt permanente & d'uſage : Nous ajouterons, que ſuivant la dénomination vulgaire de l'Alphabet, il ne faut point être étonné de voir les enfants ſi long-temps arrêtés ſur l'Orthographe, à laquelle ils manquent continuellement en latin comme en françois. On en voit la cauſe dans l'Alphabet vulgaire.

Du l'uſage des Cartes imprimées, & du petit Bureau d'Imprimerie.

Les exercices Typographiques doivent étre d'une gaieté parfaite ; point de larmes ; point d'humeur. Ici la ſeule punition eſt la ſouſtraction des Cartes & du Bureau qu'on ferme impitoyablement, & qu'on ne rend que quand l'enfant perſécute pour les ravoir. Il faut modérer le travail, & ne le permettre qu'avec diſcrétion, afin de faire naître le déſir, & d'éviter le dégoût. Un même objet de trop longue durée ne s'accorde pas avec la légéreté naturelle de l'Enfance. Cette vérité ſe fait ſentir juſques dans les jeux.

Pour faire le premier pas ; aſſemblez en un paquet tous les ſignes qui ont la même dénomination, ſelon la liſte ſuivante : Vous étalerez aux yeux de l'Enfant les Cartes où ſont *A a à â* : vous y ajouterez, ſi vous voulez, *ea*, & *ua*, & tout ce qui étant aſſemblé, rend le ſon de cette voyelle : vous lui direz, en lui faiſant paſſer le doigt ſur chaque ſigne, que tout cela s'appelle *a*, ainſi des autres ſignes, ſelon la diſtribution des tables ſuivantes.

Pour aller plus vîte, ayez tous les mêmes ſignes imprimés ſur autant de Cartes qu'il y a de claſſes dans cette liſte : vous aurez un très-petit jeu de Cartes, que vous montrerez l'une après l'autre en trente-ſix leçons principales.

Jeu élémentaire de l'Alphabet partagé en trente-ſix Claſſes ſur autant de Cartes, chaque Claſſe étant ſous une ſeule dénomination.

✠

A a à â ea as at	am en an ent aon ã em ẽ	ayent eye	B b bb	ch ſch	ct ct
D d dd	É é Æ æ Œ œ E e	È è ai ei et oi & es eſt ë	eu œu E e es ent H h	Ê ê aî aient oî oient eſt	aim ain em en ein ẽ
F f ff ph	G g gg gu	H h *aſpirés.*	I i ì î ï Y y is	J j G g	ill ll il lh l
im in ĩ	L l ll	M m mm m̃	N n nn ñ	O o ò ó au eau os ot	om on un õ
Ou ol	oi oë oy	P p pp	Q q qu K k C c cc ch	R r rh rr	S, ſ, s, ſſ, C c ç ſç T t Z z
T t tt th	U u ù û ü eu us uu	um un ũ	V v W w	X x ct cc ct	Z z S s ſ

Dénomination en Lettres italiques de chaque Classe du Jeu élémentaire de l'Alphabet, suivant les preuves données ci-devant page 5.

A a à â ea as at. *tous ces signes s'appellent* . . . *a*

am an aon em en ent ean ã ẽ . . *an*

ayent eye . . . . *aie*

B b bb . . . . *be*

Ch ch sch . . . . *che*

Ct ct . . . . *Ke*

D d dd . . . . *de*

É é Æ æ Œ œ és ez E. e. . . . . *é*

È è ai ei et oi & es ë . . . . *è*

E e eu œu es ent H h . . . . *eu*

Ê ê aî aient oi oient est . . . . *ais*

aim ain em en ein ẽ ĩ . . . . *ain*

F f ff ph . . . . *fe*

G g gu . . . . *gue*

H h . . . . aspirés . . . . *he*

I i ì î ï is it Y y . . . . *i*

ille il l lh . . . . *llieu*

im in ĩ . . . . *in*

J j G g . . . . *je*

L l . . . . *le*

M m mm m̃ .... *mè*
N n nn ñ .... *nè*
O o ò ò au eau .... *o*
om on un õ .... *on*
ou ol .... *ou*
oy oi oë .... *oai*
P p pp .... *pè*
Q q qu K k C c ch .... *Kè*
R r rh rr .... *rè*
S s ſ ſſ C c ç T t z Z .... *ſè*
T t tt th .... *tè*
U u ù û .... *u*
um un ũ .... *un*
V v W w .... *vè*
X x ct ct .... *Kſè*
Z z S s ſ .... *zè*

Lorſque l'enfant ſaura bien ces différents ſignes, & leur dénomination, qu'on peut lui enſeigner en très-peu de temps, on y joindra peu à peu *bl*, *br*, *cl*, *cr*, *dr*, *fl*, *ffl*, *gl*, *gr*, *ien*, *ier*, *ieu*, *pl*, *pr*, *tr*, &c. qui ſont dans le bureau, & qui n'ont point de rapport à ces claſſes, ſans être décompoſées ; ce qui ne ſera aucune difficulté. Par exemple *bl*, *cr*, *ien*, *ieu*, &c. ont rapport en les décompoſant, *b* à la claſſe du *B* : *l* à la claſſe de *L* : *c* à la claſſe du *Q* : *r* à la claſſe de *R* : *i* à la claſſe de *I* : *en* à la claſſe de *em*, &c. mais le mieux eſt d'enſeigner ces lettres enſemble d'une ſeule piéce, pour aller plus vîte.

Obſervez qu'il y a des ſignes qui ont pluſieurs dénominations ; par exemple, S a la dénomination *ſe* & la dénomination *ze*. C eſt appellé *ſe* ou *Ke*. T, outre ſa dénomination ordinaire, a quelquefois la dénomination *ſe*. Z eſt tantôt *ze* & tantôt *ſe*. G ſe nomme *je* ou *gue*, ainſi de pluſieurs autres : voyez en les preuves dans les Tables précédentes.

On préſentera donc toujours dans ce commencement tous les ſignes enſemble d'une même claſſe, qui ont la même dénomination : & l'enfant, par ce moyen, apprendra ſans effort & d'un coup d'œil, qu'il y en a qui ont pluſieurs dénominations. Lorſqu'il connoîtra ces différentes claſſes, il fera bientôt de lui-même cette obſervation, en comparant l'une avec l'autre. Entrons préſentement en exercice.

Moyens

Moyens d'enseigner promptement les différentes Classes, qui sont le fondement de toute lecture.

PREMIER EXERCICE.

Pour commencer ce premier exercice, on fera bien des cérémonies devant l'enfant, en tirant une de ces classes, dont on lui dira la dénomination, qu'on lui fera répéter, en faisant passer, comme nous avons dit, son doigt sur chaque signe. Quand il aura répété plusieurs fois cette leçon, qu'on y ajoute une dragée, ou un autre bonbon, il ne l'oubliera pas. Que l'enfant jouisse de cette carte; il la montrera & dira ce qu'il sait à tous ceux qui l'environnent; à sa poupée, si c'est une petite fille; à son cheval, si c'est un petit garçon. Lorsqu'on voit l'enfant assuré de cette leçon, on procede à une autre, en faisant la même opération. Il apprend ses lettres, de quelque côté qu'on les lui présente. On commence par la classe qu'on veut; cela est indifférent. S'il en apprend deux par jour, on doit être content: on doit l'être encore, s'il n'en peut apprendre qu'une. Le lieu, les occasions peuvent procurer une infinité de moyens pour avancer tout en jouant. Attachez les Cartes au dos d'un fauteuil, à la tapisserie &c. vous ferez des progrès rapides en peu de temps. On a vû des enfants, qui, par de pareils badinages, ont su imperturbablement tout le jeu en une semaine. Il faut mettre à part les cartes que l'enfant apprend & qu'on lui fait répéter souvent: voilà son gain. Vous voyez les progrès à mesure que votre jeu diminue, & que le sien grossit. Avant de donner une nouvelle classe, on fera répéter celles qui sont apprises: on place les cartes gagnées dans un endroit apparent: on n'oublie rien pour rendre la chose précieuse.

SECOND EXERCICE.

Quand l'enfant connoîtra en général les classes dont nous venons de parler, on prendra autant de cartes qu'il y a de signes dans la premiere colonne de l'Alphabet pag. 5. On peut commencer ici par les signes qui n'ont qu'une dénomination.

On étalera sur une table les classes de même dénomination, ou on les attachera à côté l'une de l'autre avec une épingle piquée dans la Tapisserie, à portée des yeux de l'Enfant : ou on les collera sur une planche, ou sur un grand carton, pour être toujours vûes sans peine. Vous demandez à l'Enfant le nom de la piéce que vous lui mettez à la main : s'il hésite, vous lui montrez la classe dont elle est, & il la nomme. Après celle-là une autre, ainsi du reste. Lorsque vous prendrez une de celles qui ont plusieurs dénominations, comme le *C* qu'il appellera *se* ; parce que cette lettre est de la classe des *S*, laquelle contient les lettres *S ſ s C c ç T t Z z*, vous lui demanderez si elle n'a pas encore un autre nom : s'il balance vous lui montrerez la classe des *Q q qu K k C c ch*, & il l'appellera encore *Ke* ; de façon qu'il comprendra facilement que cette lettre à deux noms, savoir *Se* & *Ke*. On fera la même opération pour les sons qui ont trois dénominations : il n'y en a que quatre de cette espéce. On observera qu'il ne faut venir à cet exercice, que quand l'enfant connoît imperturbablement les différentes classes des signes de l'Alphabet : & que c'est là le point dont il s'agit principalement. On va ordinairement avec rapidité dans ce second exercice.

Lorsque l'Enfant sait bien démêler tous ces signes, on les lui fait dire sans regarder les classes ; & c'est alors qu'il commence à avoir un peu d'inquiétude, parce qu'il faut quitter la bouſſole qui l'a guidé. Mettez à part & laiſſez-lui les ſignes dont il eſt ſûr. A meſure que ſon paquet groſſira, & que le vôtre diminuera, vous verrez les progrès ſans équivoque, comme vous l'aurez vû dans le premier exercice. Il ſe méprendra long temps ſur les quatre lettres minuſcules *b d p q*, & il ne faudra pas ſe laſſer de les lui redire, pour ne le pas expoſer à prendre du dégout, parce que la différence de ces quatre lettres n'eſt pas aſſez ſenſible pour être diſtinguée auſſi promptement & auſſi facilement que les autres. Accoutumez-le à connoître ſes lettres de quelque côté qu'on les lui préſente, comme les Imprimeurs, car c'eſt un petit Imprimeur que nous allons dreſſer.

Toute perſonne qui a un peu d'intelligence & la prononciation juſte, une Mie, une Bonne ou tel autre Domeſtique raiſonnable qui ſervent un enfant, peuvent remplir ces petits exercices avec ſuccès, étant guidés par le Pere ou la Mere ou par un Maître, ſur ce qu'il faut faire par jour hors de deſſous leurs yeux. Point d'impatience pour uſer du Bureau ; encore moins pour les livres. Mêlez les cartes : arrangez-les en forme de lignes ſur la table : accoutumez l'enfant à les nommer rapidement, & lorſqu'il ſera bien aſſuré de tous les ſignes de l'Alphabet, commencez la Syllabiſation de la maniere qui ſuit.

De la Syllabisation.

La Syllabiſation conſiſte à prononcer les conſonnes ſuivant le ſigne qui les ſuit, comme *b a ba. b e be. b i bi. b o bo. b u bu. b an ban. b en ben. b in bin. b on bon. b un bun. b eau beau. b oin boin. b ou bou*, &c. Et pour cette opération, faites paſſer devant les yeux de l'enfant toutes les conſonnes, accompagnées de l'*e* muet qui a aidé à les nommer, ſans avoir paru. Il apprendra par ſentiment, plutôt que par des raiſonnements, à prononcer les conſonnes avec ce qui les ſuit. Si vous préſentez un *B* & un *a*, l'enfant dira sûrement *Be*, *a* : il s'agit de lui faire faire la ſouſtraction de l'*e* muet auxiliaire, & de lui faire prononcer *Ba* : voilà de quoi il eſt queſtion. C'eſt ce qu'on peut regarder comme l'embouchure de l'inſtrument. Lorſque vous aurez dit pluſieurs fois à l'enfant que *B* & *a* ſont *Ba*, il arrivera ſouvent encore qu'il vous dira tout au contraire *a*, *b*, aulieu de *B*, *a*; parce que *a* eſt le dernier ſon qui aura frappé ſon oreille. L'enfant eſt ordinairement long-temps au point de ne faire que l'écho.

Pour remedier à cet obſtacle, il faut tenir le *B* de la main gauche, & l'*a* de la main droite ; & vous lui ferez répéter les deux lettres en commençant par la gauche. S'il répond toujours *B*, *a*, ayez l'*e* muet ſous le *B*, que vous lui faites aſſembler, & lorſqu'il les a aſſemblés, en diſant *B*, *e*, *Be*, coulez la voyelle *a* à la place de la voyelle *e* ; ce changement l'aidera à prononcer la conſonne en conſéquence de l'*a* qui eſt après. Il y a des enfants qui ſaiſiſſent cette opération dès le premier coup. Il y en a d'autres qui ſont arrêtés à ce paſſage, quoique nés cependant avec beaucoup de diſpoſitions à apprendre. La nature ſemble avoir des caprices : il faut l'étudier, la ſuivre : on arrive au dénouement.

Quand une fois les enfants prononcent la conſonne en conſéquence de ce qui la ſuit, ils ſont bien avancé. Vous faites paſſer en revue, comme nous avons déja dit, tous les ſons avec toutes les conſonnes, juſqu'à ce qu'ils les prononcent rapidement. Toutes ces opérations ſont d'une pratique aiſée avec les cartes qu'on change de place à volonté. On fera dire les fignes à plufieurs dénominations, felon celle qui leur eft propre dans l'occafion. On appellera *fe* la lettre *C*, lorfque vous voudrez l'affembler avec *i*, & vous la ferez appeller *Ke* avec *o*; parce que *C* devant *i* fait *fi*, & *C* devant *o* fait *Ko*; ainfi des autres. Quand l'enfant, par méprife, donne une dénomination pour un autre, il fe reprend fans effort fur le champ, en lui difant feulement ce n'eft point *Ke*, s'il a dit *Ke* au lieu de *fe* : ou ce n'eft point *fe* s'il a dit *fe* au lieu de *Ke*; parce que ce ne peut être que l'une ou l'autre dénomination Il en eft de même des quatre fignes *an*, *en*, *ent*, *es*, qui ont chacune trois dénominations, par exemple, s'il appelle *an* la nazalle *en*, lorfqu'elle doit être nommée autrement, il fuffit de dire que cela ne s'appelle point *an* dans cet endroit : s'il fe trompe encore en l'appellant *ene*, il lui refte de l'appeller *ain*; ainfi des trois autres fignes. Qu'on ne perde pas de vue l'heureufe découverte que l'Inventeur de cette méthode a faite, d'avoir apperçu un petit nombre de fons invariables, compofés de plufieurs lettres, qu'on ne confidere que comme une feule, & qu'on ajoute à l'Alphabet ordinaire; c'eft là le fondement de toute lecture poffible. Les fyllabes *eau*, *oient* & les nazales rempliffent chacune la fonction d'une feule lettre; parce que celles dont ces fyllables font compofées, ne rendent toutes enfemble qu'un feul fon, comme on le voit par la table alphabétique.

Si donc l'enfant connoît bien tout cet Alphabet avec toutes les dénominations, tirez au hafard plufieurs cartes, placez-les l'une à côté de l'autre, & accoutumez-le à les nommer rapidement : alors il fait lire fans prefque avoir recours à la fyllabifation. Choififfez quelquefois des lettres & des fons, qui, étant affemblées, donnent le nom d'une chofe connue, comme *M*, *ain*, *main* : *f*, *eu*, *feu* : *B*, *on*, *Bon* : *p*, *ain*, *pain* ; *V*, *in*, *Vin*, &c.

A cet exercice joignez-en un autre ſans cartes. Demandez à l'Enfant ce que ſignifie *m*, *ain*, en lui montrant une *main* : *D*, *oigt* en lui touchant un doigt : *F*, *eu* : *Ch*, *ou*, &c. Après l'exercice des monoſyllabes, eſſayez des diſſyllables, comme *C ou t eau*, en montrant un *couteau*, &c. vous viendrez peu à peu aux triſſyllables, comme *g a l on né* en montrant quelque choſe de *galonné*. Demandez enſuite quelles lettres ou quels ſignes il faut pour faire *bois*, *chat*, *tiſon*, *gâteau*, *échaudé*, &c. en lui prononçant *b ois*, *ch at*, &c. Ne vous embarraſſez pas d'ortographe dans cet exercice : contentez-vous des ſons qu'il vous donne, pourvu qu'ils expriment ce mot. C'eſt ce qu'on appelle lire par cœur.

Autres Exemples qu'on peut multiplier tant qu'on veut, pour montrer la facilité qu'il y a d'apprendre à lire par cet Alphabet, en prononçant ſeulement les lettres & les ſons.

B an d eau . . . . *bandeau.*

B ou d in . . . . *boudin.*

C r ou t on . . . . *crouton.*

Ch a p eau . . . . *chapeau.*

D au ph in . . . . *dauphin.*

D i ph th on gu e . . . . . *diphthongue.*

F eu ill a g e . . . . *feuillage.*

F au t eu il . . . . *fauteuil.*

F an f a r on . . . . *fanfaron.*

G au l oi s . . . . *gaulois.*

M an ch on . . . . *manchon.*

M ai ſ on . . . . *maiſon.*

R o y au m e . . . . *royaume.*

S am ſ on . . . . *ſamſon.*

E m e r au d e . . . . . *Emeraude*, &c.

Après avoir exercé ſur les mots, on peut propoſer des phraſes entieres, comme :

Ch an t on s l a gl oi r e d u S ei gn eu r.

Chantons la gloire du Seigneur.

D i eu ſ oi t b é n i.

Dieu ſoit béni.

Ain ſ i ſ oi t - i l.

Ainſi ſoit-il.

Il ne faut pas être bien ſubtil pour ſentir la juſteſſe de ces démonſtrations. Les Enfants de quatre à cinq ans en font l'application, ſans les entendre. L'eſclavage du préjugé eſt ſeul capable d'empêcher de faire en cela uſage de ſa raiſon.

On ne ſauroit croire combien on avance par tous ces moyens. Ces exercices qu'on peut faire ſans gêne & en toute occaſion, n'ennuyent point les Enfants, & piquent admirablement leur curioſité : ils veulent, ils demandent qu'on faſſe des mots. Ils ſont inſatiables : & bientôt le Jeu élémentaire devient inutile, parce qu'on n'a qu'un caractere de chaque eſpece : il faut avoir recours au Bureau.

Du Bureau Typographique.

Le Bureau eſt une Boîte en forme de gros *in-folio* qu'on peut placer où l'on veut, & tranſporter ſans embarras d'un endroit à un autre. Il contient des petits magaſins de caractères ou de ſignes ſur des cartes, par ordre alphabétique, comme dans un Dictionnaire : il renferme en un mot tout ce qu'on employe dans l'Imprimerie, la Ponctuation, les Chiffres Arabes & Romains pour faire les premieres Regles d'Arithmétiques & d'Algebre, rangés ſelon leur ordre naturel. Ce Bureau eſt relié en verd, parce que cette couleur ne fatigue point les yeux : les lettres ſont ſans ornements, parce qu'il ne faut préſenter aux Enfants aucun autre objet que celui qu'il eſt uniquement eſſentiel d'apprendre. Il eſt de la derniere importance de ne point détourner leur attention par des figures étrangeres, auxquelles les Enfants s'attachent plutôt qu'à ce qu'on ſe propoſe de leur faire apprendre. Les ſignes doivent être le ſeul point de réunion dont il faut occuper l'ame & le corps, parce que ce ſont les Jouxjoux les plus précieux qu'on puiſſe donner à l'enfance.

On a ici la facilité de tracer des lignes entieres de lecture, & de copier de petits traits d'hiſtoire, tant que l'Enfant ne ſaura pas écrire ; car le Bureau n'eſt que pour tenir lieu d'écriture ; c'eſt une eſpece d'Imprimerie. Les Logettes qui contiennent pluſieurs ſignes ſemblables, ſont ſéparées par des cartes poſées ſur leur champ, & étiquetées, pour annoncer comme une enſeigne, ce qu'elles fourniſſent. On ne tire jamais hors de leur place ces cartes qui ſervent de cloiſons ou de ſéparation. Venons à l'uſage de cet espece de livre, qui est vraiment la Bibliothéque des Enfants.

Exercices de l'Imprimerie.

Il y a deux façons de faire imprimer : ou en copiant, ou sous la dictée. Arrangez d'abord vous même sur la table les signes séparés les uns des autres pour faire les mots *P a pa: M a m an*, &c. des phrases même, si vous voulez ; vous ferez opérer la même chose par l'Enfant sur la même table sous votre ligne. On lui fera lire plusieurs fois ces signes, suivant le dégré où il les sait. On laissera quelque temps cet étalage sur la table de l'Enfant, qui le montrera aux allans & venans, comme une curiosité, dont il recevra les complimens. Peu dans ce commencement, pour aller dans la suite en augmentant. On lui montrera à remettre les cartes dans leurs Logettes, pour une autre leçon. Le Maître proposera des mots sur toutes les lettres & tous les sons, dont nous avons fait une feuille à part à la fin de cette exposition, & dont ceux qui ne peuvent pas faire la dépense d'un Bureau se serviront avec plus d'avantage que des *A B C* ordinaires. On peut faire imprimer ainsi l'Oraison Dominicale, & les autres Prieres par lettres, puis par syllabes, enfin par mots, lorsqu'on en sera aux mots, qu'on fera former, en rapprochant les signes peu à peu.

Il en est de même pour opérer sous la dictée. On demande à l'Enfant quelles lettres ou quels signes il faut pour imprimer *bon*, on lui prononce distinctement *b*, *on* plusieurs fois : on lui fait prendre *b*, ensuite *on*. Supposons que vous lui demandiez ce qu'il faut pour faire *fuseau*. S'il prend, par exemple *ph*, *u*, *z*, *o* : cela est bien dans ce commencement. Il est fort indifférent à l'oreille qu'on écrive *fuseau* ou *phuzo*. Il sera aisé de lui corriger cette orthographe :

comme nous l'avons déja dit, lorſqu'il ſaura compoſer légérement des mots & des lignes avec ſon Bureau. On lui dictera dans la ſuite tout ce qu'on voudra : & lui-même compoſera ce qui lui fera plaiſir. Il apprendra alors par uſage la véritable orthographe des yeux, à laquelle il parviendra par le moyen de celle de l'oreille, qui ne ſera que paſſagere, comme nous l'avons fait obſerver plus particulierement ci-devant.

De la maniére de compoſer des mots.

Cet exercice conſiſte à faire approcher par l'Enfant les ſyllabes dont les mots ſont compoſés : *mon Dieu, je vous aime.* Si vous lui donnez un original exact, la copie le ſera auſſi. La ponctuation, les caracteres, grands & petits ; tout eſt dans le Bureau, où le maniement & le remaniement des cartes ſont autant de répétions pour l'Enfant, ſans qu'il y penſe. Il faut être attentif à faire remettre toujours les ſignes dans leur place devant les étiquettes dont ils dépendent. On enſeigne à l'Enfant la maniere de tirer une carte avec le doigt index & le pouce de la main droite, en ſéparant celle qui eſt étiquetée d'avec celles qui ſont en hauteur dans le fond du Bureau, & dont il prendra la premiere qu'il touche. On incline un peu le Bureau par derriere contre le dos du fauteuil, s'il eſt ſur un fauteuil ; ou contre quelque appui, s'il eſt ſur une table, pour prévenir l'écoulement des cartes pardevant. Les Enfants , au moyen de quelques exercices, parviennent en peu de temps à imprimer auſſi promptement que le plus habile Compoſiteur d'Imprimerie.

Si vous voulez apprendre à lire les anciens Manuſcrits & les nouveaux , les Langues Grecque, Hébraïque, Syriaque, enfin telle qu'il vous plaira, deſſinez à la plume ou avec des caracteres à jour, les ſignes de ces Langues ſur des cartes, ſous les étiquettes de la dénomination qui eſt ſemblable à celle de l'Alphabet Typographique, vous en verrez l'effet en peu de jours. Ainſi, au lieu de dire à l'Enfant *Aleph*, *Beth*, &c. ou *Alpha*, *Beta*, &c. vous lui ferez dire *A*, *Be*, &c. ſuivant la dénomination Typographique. Par ce moyen, il n'y a de différence pour lui que dans la figure qu'il diſtingue promptement. Il ſuffit de mettre deux ou trois lettres & autant de ſons de chaque eſpece ſous chaque étiquette. Si l'Enfant prend cette figure extraordinaire pour imprimer, laiſſez-le faire; ſa ſurpriſe à ce nouvel objet ſera telle, qu'il vous demandera ce que c'eſt: & vous lui répondrez, c'eſt *A* ou *B*, &c. il affectera d'employer ces nouveaux caractères dans ſon impreſſion, & c'eſt le moyen d'apprendre avec promptitude ce que vous ſouhaitez qu'il apprenne.

Des Chiffres.

On fera un Jeu des Chiffres Arabes, qu'on tirera du Bureau, un ſeul de chaque eſpece, pour les apprendre à l'Enfant, comme on lui a appris les ſignes de l'Alphabet. On en fera autant des Chiffres Romains, de la Ponctuation & de tous les autres ſignes, peu à peu. Ces exercices ne ſont pas de longue durée. On peut avec ces ſecours enſeigner les élémens des nombres, & les premieres régles d'Arithmétique. On enſeigne d'abord à compter de vive voix, & enſuite on ſe ſert des Chiffres. Il y a des Enfants, qui, à l'âge de quatre & cinq ans, ont fait des progrès étonnants dans cette ſorte de Jeu. Ces caracteres mobiles ſur des cartes donnent lieu de faire tout ce qu'on veut utilement & agréablement.

LISTE DES CHIFFRES.

Chiffres Arabes.	*Chiffres Romains.*		
0 . *zero.*			
1	I.		
2	II.		
3	III.		
4	IIII	*ou*	IV.
5	V.		
6	VI.		
7	VII.		
8	VIII.		
9	VIIII	*ou*	IX.
10	X.		
11	XI.		
12	XII.		
13	XIII.		
14	XIIII	*ou*	XIV.
15	XV.		
16	XVI.		
17	XVII.		
18	XVIII.		
19	XVIIII	*ou*	XIX.
20	XX.		
21	XXI. &c.		
30	XXX.		
40	XXXX	*ou*	XL.
50	L.		
60	LX.		
70	LXX.		
80	LXXX.		
90	LXXXX	*ou*	XC.
100	C.		
200	CC.		
300	CCC.		

Chiffres Arabes.	*Chiffres Romains.*		
400	CCCC . . .	*ou* . . .	CD.
500	IↃ	*ou* . . .	D.
600	IↃ. C	*ou* . . .	DC.
700	IↃ. CC . . .	*ou* . . .	DCC.
800	IↃ. CCC . .	*ou* . . .	DCCC.
900	IↃ. CCCC . .	*ou* . . .	DCD.
1000	CIↃ	*ou* . . .	M.
1100	CIↃ. C . . .	*ou* . . .	MC.
1200	CIↃ. CC . .	*ou* . . .	MCC.
1300	CIↃ. CCC . .	*ou* . . .	MCCC.
1400	CIↃCCCC .	*ou* . . .	MCD.
1500	CIↃ. IↃ . .	*ou* . . .	MD.
1600	CIↃ. IↃ. C . .	*ou* . . .	MDC.
1700	CIↃ. IↃ. CC .	*ou* . . .	MDCC.
&c.	&c.		&c.

Il y a ainſi neuf Chiffres Arabes & le zéro. Les Chiffres Romains ſont composés de ces ſept figures-ci ſeulement I. V. X. L. C. D. M.

Les figures d'Algebre ſe trouvent à la fin du Bureau. Le trait horizontal – ſignifie *moins* : deux paralelles auſſi horizontales = ſignifient *égal à* : une croix couchée + ſignifie *plus* : une croix de Saint André × ſignifie *multiplié par* ; le 8 ainſi couché ∞ eſt le ſigne de l'infini : le Ↄ renverſé ſignifie *diviſé par* : la lettre > ainſi couchée ſignifie *plus grand que*, & cette même lettre < dans le ſens contraire ſignifie *plus petit que*.

De l'Ecriture & du commencement des Etudes.

Tout ce qu'on peut dire ſur l'Ecriture, ſe réduit à conſeiller d'avoir une Lame de cuivre ou d'autre métal, comme d'étain ou de plomb laminé, ſur laquelle les principes de l'Ecriture ſeront gravés à jour ; de ſorte qu'on puiſſe d'un coup de pinceau imprimer une page avec de l'encre rouge gomée, ſelon l'ordre & la gradation qu'on obſerve dans cet art.

Pour éviter la mal-propreté de l'encre, il faut tailler un crayon noir au bout d'un porte-crayon en forme de plume, & montrer à l'Enfant par où l'on doit commencer une lettre. On lui donne à faire en noir tout ce qui est en rouge. Comme il est obligé de passer plusieurs fois sur chaque caractere pour le noircir, il peut en peu de temps apprendre la maniere de former les lettres : & en l'exerçant ensuite une quinzaine de jours avec la plume à deux becs, puis avec la plume ordinaire, il en saura assez pour vous donner une écriture supportable, dont on remettra à acquérir la perfection dans un âge plus avancé.

Enfin, lorsqu'un Enfant sait lire sans savoir écrire, on peut lui faire copier, avec sa petite Imprimerie, des Noms & des Verbes par petites parties, pour apprendre à décliner & à conjuguer. Mais comme nous ne nous sommes proposé dans cette Exposition, que de parler de la méthode d'apprendre à lire, ce n'est pas le lieu d'entrer dans le détail de la maniere d'enseigner les premiers éléments des Etudes ; sur quoi l'on peut consulter ceux qui ont traité cette matiere. Il y a divers moyens entre lesquels la Voie de la Traduction paroît la plus naturelle. Voyez l'Avertissement sur l'Introduction à la Langue Latine, par la Voie de la Traduction.

Fin de l'Exposition abregée de la Méthode Typographique pour enseigner à lire.

APPROBATION.

J'Ai lû par l'ordre de Monseigneur le Chancelier, un Manuscrit intitulé : *Exposition abrégée de la méthode ou maniére d'enseigner à lire par le moyen des Cartes imprimées*, & *le Bureau Typographique en forme d'in-folio*, &c. Le tout m'a paru fort utile pour des jeunes Enfants. A Paris ce 12. Février 1743.

P. GERMAIN.

PRIVILEGE DU ROI.

LOUIS, par la grace de Dieu, Roi de France & de Navarre : A nos amez & féaux Conseillers les Gens tenans nos Cours de Parlement, Maîtres des Requêtes ordinaires de notre Hôtel, Grand Conseil ; Prévôt de Paris, Baillifs, Sénéchaux, leurs Lieutenans Civils, & autres nos Justiciers qu'il appartiendra : SALUT. Notre amé le Sieur CHOMPRE' Nous a fait exposer qu'il désireroit faire imprimer, réimprimer & donner au Public des Ouvrages quiont pour titres : *Exposition abrégée de la méthode ou maniére d'enseigner à lire par le moyen des Cartes imprimées*, & ensemble *le Bureau Typographique en forme d'in-fol.* &c. s'il nous plaisoit lui accorder nos Lettres de Privilge pour ce nécessaires. A CES CAUSES, voulant favorablement traiter l'Exposant, Nous lui avons permis & permettons par ces Présentes de faire imprimer & réimprimer lesdits Ouvrages en un ou plusieurs Volumes, & autant de fois que bon lui semblera, & de les faire vendre & débiter par tout notre Royaume, pendant le temps de douze années consécutives, à compter du jour de la date des Présentes. Faisons défenses à tous Imprimeurs, Libraires & autres personnes, de quelque qualité & condition qu'elles soient, d'en introduire d'impression étrangére dans aucun lieu de notre obéissance ; comme aussi d'imprimer, ou faire imprimer, vendre, faire vendre, débiter ni contrefaire lesdits Ouvrages, ni d'en faire aucuns extraits, sous quelque prétexte que ce soit, d'augmentation, correction, changement ou autres, sans la permission expresse & par écrit dudit Exposant, ou de ceux qui auront droit de lui, à peine de confiscation des Exemplaires contrefaits, de trois mille livres d'amende contre chacun des contrevenants, dont un tiers à Nous, un tiers à l'Hôtel-Dieu de Paris, & l'autre tiers audit Exposant, ou à celui qui aura droit de lui, & de tous dépens, dommages & intérêts, à la charge que ces Présentes seront enregistrées tout au long sur le Registre de la Communauté des Imprimeurs & Libraires de Paris, dans trois mois de la date d'icelles; que l'impression & réimpression desdits Ouvrages sera faite dans notre Royaume, & non ailleurs, en bon papier & beaux caracteres, conformément à la feuille imprimée, attachée pour modéle sous le contrescel des Présentes; que l'Impétrant se conformera en tout aux Réglemens de la Librairie, & notamment à celui du 10. Avril 1725. qu'avant de l'exposer en vente, les Manuscrits & Imprimés qui auront servi de copie à l'impression ou réimpression dudit Ouvrage, seront remis dans le même état où l'Approbation y aura été donnée, ès mains de notre très-cher & féal Chevalier, Chancelier de France le Sieur DE LAMOIGNON, & qu'il en sera ensuite remis deux Exemplaires d'icelui dans notre Bibliothéque publique, un dans celle de notre Château du Louvre, & un dans celle de notredit très-cher & féal Chevalier Chancelier de France, le Sieur DE LAMOIGNON, & un dans celle de notre très-cher & féal Chevalier Garde des Seaux de France le Sieur DE MACHAULT, Commandeur de nos Ordres, le tout à peine de nullité des Présentes; du contenu desquelles vous mandons & enjoignons de faire jouir ledit Exposant, & ses ayans-cause, pleinement & paisiblement, sans souffrir qu'il leur soit fait aucun trouble ou empêchement. Voulons que la copie des Présentes, qui sera imprimée tout au long au commencement ou à la fin dudit Ouvrage, soit tenue pour duement signifiée, & qu'aux Copies collationnées par l'un de nos amés & féaux Conseillers-Sécrétaires, foi soit ajoutée comme à l'original. Commandons au premier notre Huissier ou Sergent, sur ce requis, de faire pour l'exécution d'icelles, tous Actes requis & nécessaires, sans demander autre permission, & nonobstant clameur de Haro, Chartre Normande, & Lettres à ce contraires: CAR tel est notre plaisir. DONNE' à Arnouville le vingt-cinquiéme jour du mois de Juin, l'an de grace mil sept cens cinquante-un, & de notre Régne le trente-sixiéme. Par le Roi en son Conseil.

Signé, SAINSON.

Registré sur le Registre XII. de la Chambre Royale & Syndicale des Libraires & Imprimeurs de Paris, N. 644. fol. 502. conformément au Réglement de 1723. qui fait défenses, Article IV. à toutes personnes, de quelque qualité qu'elles soient, autres que les Libraires & Imprimeurs, de vendre, débiter & faire afficher aucuns Livres, pour les vendre en leurs noms, soit qu'ils s'en disent les Auteurs ou autrement, & à la charge de fournir à la susdite Chambre neuf Exemplaires prescrits par l'Article 108. du même Réglement. A Paris le 14. Octobre 1751.

Signé, LEGRAS, *Syndic.*

www.ingramcontent.com/pod-product-compliance
Ingram Content Group UK Ltd.
Pitfield, Milton Keynes, MK11 3LW, UK
UKHW021655260726
13994UKWH00003B/1476